Rothesay High School

Que du bonheur

Sylvaine Jaoui
Zelda Zonk

Que du bonheur

Conseils à gogo pour prendre la vie du bon côté

De La Martinière
Jeunesse

Retrouvez toutes nos parutions sur :

www.lamartinierejeunesse.fr

www.lamartinieregroupe.com

Graphisme : Elisabeth Ferté

2, rue Christine - 75006 Paris

**Dans la vie,
il y a les malins qui vont lire
ce livre et puis,
il y a les autres…**

Allez, je les écoute, tes maximes, vas-y, vas…

Les
bons
tuyaux

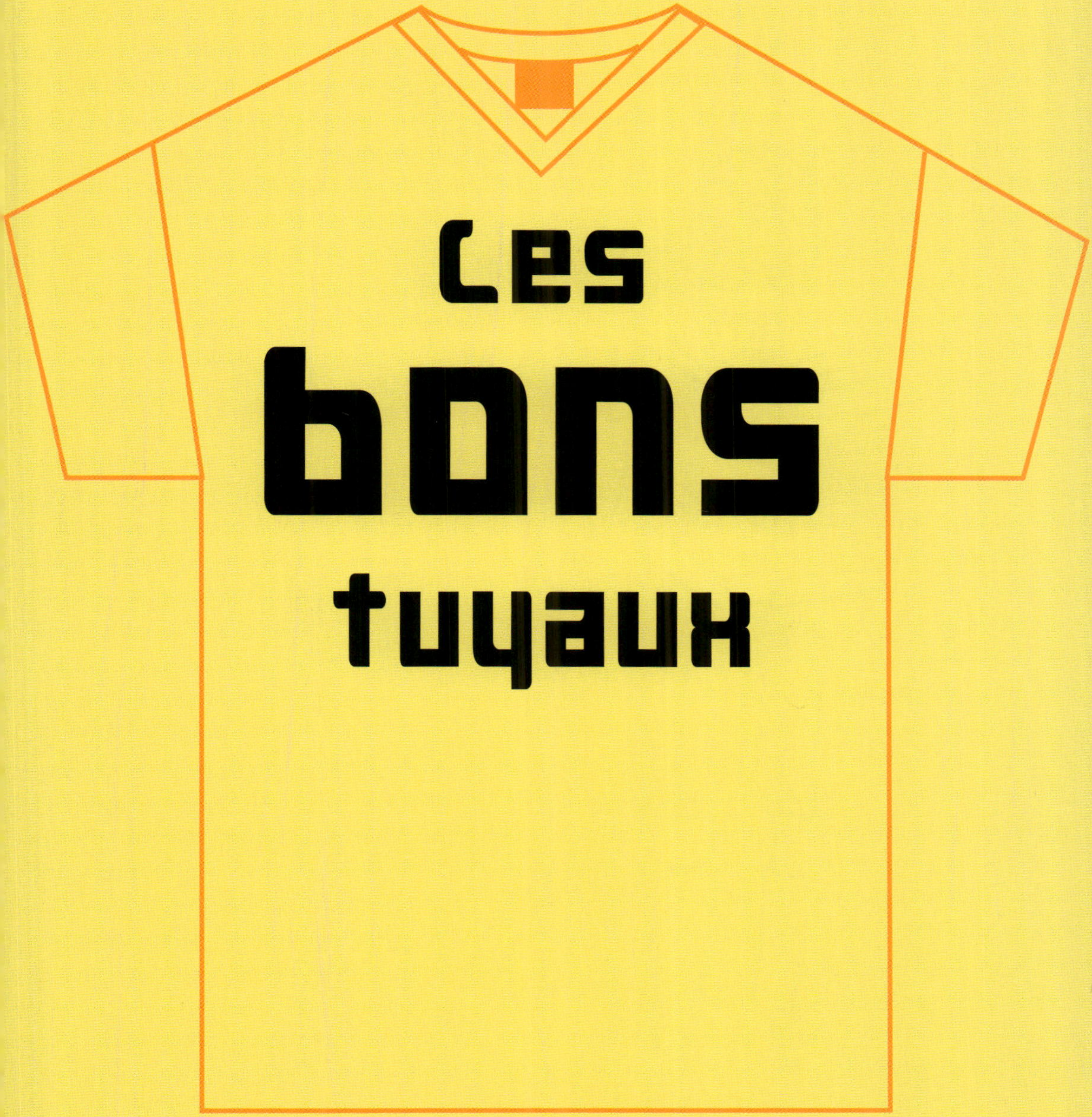
Les
bons
tuyaux

– Prenez vos manuels à la page 37, s'il vous plaît...

Évite de critiquer l'école
devant un prof,
n'oublie pas
qu'il n'en est jamais sorti...

N'aie pas peur d'échouer,
essaie encore
et toujours
(cette partition
à la guitare,
le saut en longueur,
l'amitié avec untel).
Le seul vrai échec,
c'est de ne pas oser
tenter.

Dans la vie, fais
comme les footballeurs :
ils regardent en boucle
le match perdu jusqu'à
ce qu'ils comprennent
leurs erreurs puis
ils jouent la partie
suivante en
se souvenant
de la leçon.
Pas de lamentations !
De la réflexion
et de l'action !

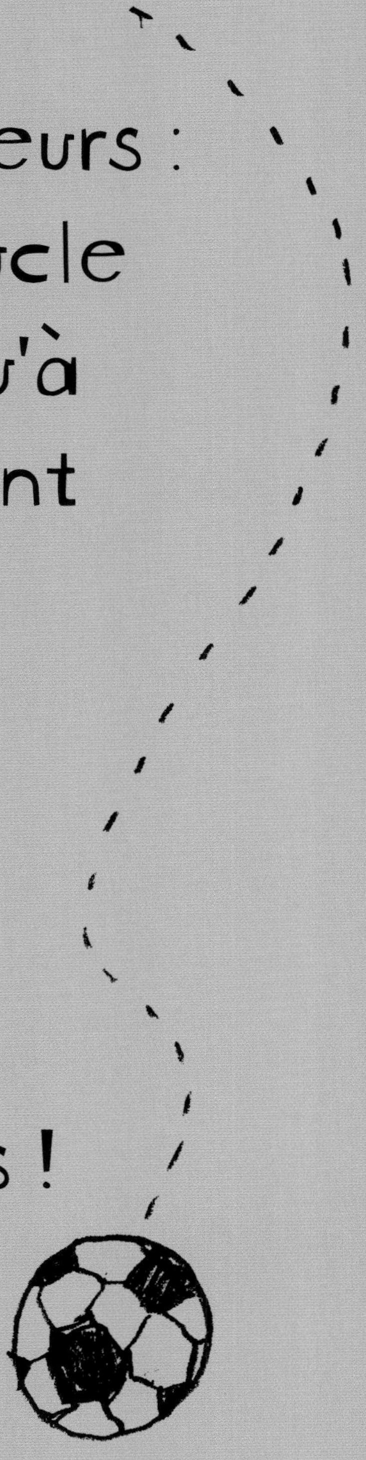

– Monsieur Maurel,
c'est d'une demi-heure au moins
que vous devriez avancer
votre montre, vous !

Avance ta montre
de cinq minutes,
ça t'évitera d'être en
retard au collège le matin.

Essaie, au moins une fois,
d'être très aimable
avec la ronchon du CDI
et observe le changement.
Il y a des chances
pour qu'elle se mette
à te sourire.

Dis de temps en temps à tes parents que tu es content d'être leur enfant. Tu verras comme ils seront plus détendus après cela

(surtout si tu as quelque chose à leur demander).

– Mais oui mon chéri : on est des parents fantastiques. Tu as besoin de combien, cette fois-ci, dis-moi ?

Si tu as une très mauvaise note, annonce-la à tes parents au téléphone quand ils sont au boulot.

Premièrement,

parce qu'ils ne pourront pas hurler devant leurs collègues.

– Courage Martine, mon fils a eu 2 en physique hier...

Deuxièmement,

parce qu'ils auront le temps de se calmer avant de rentrer.

Si tu as envie
de quelque chose,
dis-le clairement.
Parler est le meilleur
moyen d'être entendu.

– Papa, maman, je veux
le dernier album de Britney Pire !

– Bon, passons à l'exercice 3,
3 comme ma moyenne de ce trimestre...

Quand tu es en train
de faire une évaluation
de maths ou de français,
ne pense pas à ta future
note. Concentre-toi plutôt
sur chaque exercice.

En classe, sois un ange au premier trimestre quitte à devenir un démon au troisième, jamais l'inverse. Les profs restent toujours fidèles à leurs premières impressions.

? ? ?
– Tiens, serais-je déjà au paradis ?

– La vapeur, ça décolle aussi
très bien les lettres d'amour de ma frangine !

La vapeur d'eau décolle
très bien les enveloppes
contenant les bulletins
scolaires (et autres
paperasses fâcheuses)
sans que ça se voie.
Avantage : cela permet
de lire les horreurs
que les profs ont écrites
sur toi et de préparer
ta défense avant que
tes parents ne rentrent.

Tu crois être un génie
indétectable
avec tes antisèches
planquées dans des bâtons
de colle ou
dans tes manches ?
Fais attention, ton prof
connaît très bien cela :
il l'a fait avant toi...

Si tu veux devenir un bon élève dans une matière, apprends à l'aimer avant de chercher à apprendre tes leçons par cœur.

Quand tu dois négocier
avec eux, n'oublie jamais
que tes parents
sont des êtres humains
comme les autres...

**Tu as donc les moyens
de les convaincre.**

– Bonjour, je suis l'avocat de votre fille dans l'affaire « sortir après 22 heures »...

Quand un parent répond
d'un air autoritaire :
« Parce que
c'est comme ça »,
c'est qu'il n'a

AUCUNE RAISON
VALABLE

à donner.
Alors laisse-le se calmer
et repars à l'attaque
un peu plus tard
avec d'autres arguments.

Ne dis jamais à un prof :

« Vous voyez, j'avais raison ».

Surtout si c'est vrai.

– J'étais toujours le premier, à ton âge, tu sais…
L'art de mentir
L'art de mentir

Ne crois jamais
un parent qui te dit
qu'il a toujours eu
de bonnes notes
dans toutes les matières.
Comme tout le monde,
il s'est forcément planté
à un moment
ou à un autre.

Si tu es invité
à une mégafête
chez un copain, accroche,
dans la semaine
qui précède,
les mots suivants
sur le réfrigérateur :

« Trop bon 'man, ton poulet »

ou

« Très drôle, ta blague d'hier 'pa »

Laisse « infuser »,
puis fais ta demande.

Garde tes expressions
« chourave »,
« caillerας »,
« bombasse »
et autre
« enroué du slip »
pour tes copains
dans la cour de recréation.
En classe,
la richesse de ton langage
risque de ne pas être
du goût des profs.

Ego
moi
je

Ego
moi
je

Si tu veux que les autres t'aiment, il n'y a qu'une seule personne à convaincre : toi.

Aime-toi,
les autres suivront...

– Qui m'aime, me suive !

CONCOURS DU MEILLEUR ENFANT
mon grand frère
ma grande sœur
moi
mes parents

Ne te compare pas
à ta sœur ou à ton frère,
ce n'est pas eux
qui vont vivre ta vie.

Tes parents n'ont qu'un seul programme pour toi : exos, céréales au choco, dodo...

À toi d'inventer le reste :
skate, télé, peinture,
danse, sortie entre copains.
La vie, quoi...

Toutes les fois où
tu te dis avant de faire
quelque chose :

« Je n'y
arriverai
jamais »

tu es ton propre ennemi.

Parfois,
ce que ta bouche
ne dit pas avec des mots,
ton corps le dit
avec ses maux.
Si tu as un problème,
parles-en...

Quand tu n'oses pas
faire quelque chose,
de quoi as-tu vraiment
le plus peur ? De l'échec
ou de la réussite ?

Non,

ne réponds pas tout de suite,
ce n'est pas si évident.

Ne te lance pas
dans des histoires nulles
pour faire
comme les copines.
Attends et n'écoute
que ton cœur.
Quand il battra très fort
pour quelqu'un,
vis ce que tu as à vivre.
Le reste
ne vaut pas le coup.

Adam et Ève
ou Adam et Yves,
chacun son choix...
Du moment que tu trouves
ton coin de paradis.

Tu peux tout raconter
à tes copines
sauf ce qui est vraiment
précieux pour toi.
Tu pourrais le regretter.
Il faut parfois savoir
préserver ses trésors.

Bien sûr, tu es certain d'avoir raison, mais écoute tout de même l'autre, il n'a peut-être pas tort.

– J'ai bien fait de t'écouter, pour une fois, puisque tu dis que j'ai raison !

amie
ami
ami

Si tu veux
vivre en paix
avec les gens
que tu aimes, au lieu
de traquer le moindre
de leurs défauts,
valorise la plus petite
de leurs qualités.

La plupart
de tes copains
sont plus sûrs d'eux
quand ils pensent
comme les autres.
Toi, n'attends pas
cette permission.
Ose être différent.

– Vous êtes bien certain de vous, Bertrand ?

Si tu es sûr à cent
pour cent d'avoir raison,
il y a des chances que
tu n'aies pas suffisamment
réfléchi à la question.

Ne crains pas de t'habiller
comme tu l'entends.

Il y a tous ceux
qui suivent
la mode ;
toi, tu fais
peut-être
partie de ceux
qui l'inventent.

Si,
avec certains
de tes copains,
ne pas fumer est un
handicap,
change de copains,
pas de façon d'être.

Attention, fragile
XXL

Porcelaine

Si on te dit
que tu es un vase
ou un éléphant,
le deviens-tu pour autant ?

Non.

N'oublie jamais
que tu n'es pas seulement
ce que les gens
disent de toi.

C'est normal
d'avoir envie de quitter
ton petit nid d'enfant.
C'est même pour cela
que tes parents
t'ont appris à te servir
de tes ailes.

On ne sait jamais
pourquoi on plaît à l'autre.

Toi qui caches
tes rondeurs,
es-tu sûre qu'elles ne
le séduisent pas ?

Toi qui tires
sur tes cheveux frisés,
es-tu sûr
qu'ils ne lui plaisent pas ?

– Enchantée !

La seule personne avec laquelle tu es sûr de vivre toute ta vie, c'est toi. Alors sois un bon hôte pour toi-même.

Il n'y a pas pire au monde
que d'avoir un frère
ou une sœur.
Si ! Ne pas en avoir...

– Ah, ne me parlez pas
de ma soeur !

Ne deviens pas
ce que les autres
voudraient que tu sois,
deviens plutôt
ce que tu es vraiment.

– Bon allez, maintenant,
j'ai décidé d'essayer de te ressembler...

Soyons
ZEN

Soyons zen

Si tu as envie
d'être un artiste,
commence par des choses
concrètes, par exemple,
t'inscrire à des cours
de guitare, de chant
ou de théâtre,
puis crois en ton rêve.

– Vous n'avez pas un seul cours
de chant pictural folklorique pour guitare électrique ?
C'est un comble !

Considère la différence
de l'autre comme un cadeau,
pas comme une offense
à ce que tu es.

– Bonjour, je m'appelle Mamadou. Et toi ?
– Euh..., moi, c'est Alice...

N'essaie pas d'être parfait.
Non seulement
c'est impossible mais,
en plus, tu gâcherais ta vie
à galérer pour y arriver.

Si quelqu'un
te fait des remarques
désagréables,
regarde-le dans les yeux,
imprime un petit sourire
à tes lèvres et, surtout,
ne dis pas un mot :
tu vas voir rapidement
ton ennemi perdre
sa belle assurance.

– Ah mais retenez-moi !
J'en peux plus de son p'tit air insolent
à ce moustique ! Je vais craquer...

Ne supprime pas forcément ce que les autres appellent

« **tes défauts** ».

Peut-être faut-il juste
les cultiver
pour qu'ils deviennent
« **tes qualités** » ?

– Mais, ma douce aimée,
c'est tout bon ça : tu sais bien
que l'attente accroît le désir...

Profite pleinement
d'aujourd'hui sans te poser
trop de questions.
Demain est un autre jour
avec un autre toi-même.

– Je crois bien que je préférais le « moi-même » d'hier,
pour être tout à fait honnête…

La vie est une coquine.
Ce que tu as parfois mis
des mois à échafauder,
elle le détruit
et ce que tu n'attendais
pas, elle te le sert
sur un plateau...

Il n'y a pas de recette
miracle pour réussir ta vie.
Toutefois, arrange-toi
pour ne pas te faire servir
deux fois un menu
qui ne t'a pas plu.

La plupart des gens voient très bien la nécessité des choses utiles. Toi, apprends à voir la nécessité des choses inutiles.

– *Mais m'man, c'est super utile les peaux de saucisson, ça fait de chouettes boucles d'oreilles !*

– Moi, mon père,
ce n'est ni Zorro,
ni zéro,
c'est Bozo...
La tuile !

Petit, tu disais
que ton père c'était Zorro.
Maintenant, il t'arrive
de penser qu'il est zéro.
Et s'il n'était ni l'un
ni l'autre ?

Là-bas
Par ici
c'est bien
là-bas
Par ici
ici
ici
Par ici
Par là
Par là-bas
là-bas
Par ici
là
là
Oui
là-bas
Par ici
là
ici
ok
Par là
Par ici
Par là

Quand tu ne sais pas,
fais confiance
à ton intuition.

Si on te dit
que ton choix est mauvais,
n'y renonce pas forcément.
Tu l'as peut-être fait
à un mauvais moment
OU
dit à la mauvaise personne.

Sache qu'une mère
qui répond « on verra »
à une demande
est une mère
qui n'ose pas dire non
et qui gagne du temps.

Gégé, 16 ans, tellement de muscles qu'il n'a plus assez de place pour loger de la matière grise.

Dans une cour
de récréation,
celui qui veut toujours
montrer sa force physique
est, en général,
le plus faible mentalement.
Il n'y a donc pas de quoi
être impressionné.

– Tu me présentes ton ami, mon lapin ?

Si ta mère continue
à t'appeler en public
« minouchette jolie »
ou « mon lapin en sucre »,
ne crois pas qu'elle cherche
à te ridiculiser.

Elle a juste zappé le fait que tu es devenu grand. C'est peut-être difficile pour elle à accepter, alors demande-lui gentiment d'arrêter...

XXL

Mission impossible 1

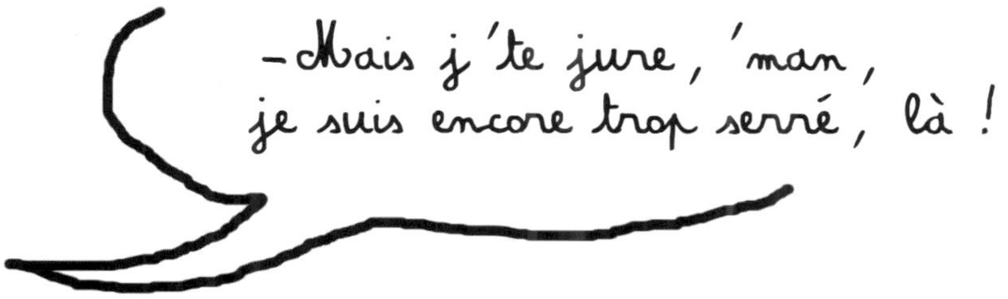

Faire comprendre à ses parents qu'un jean qui arrive à la moitié des fesses et laisse voir le caleçon est un jean à la bonne taille.

Mission impossible 2

Faire comprendre à ses parents
qu'un jean troué et délavé
coûte plus cher qu'un jean normal.

Mission impossible 3

Faire comprendre à ses parents
que de ne pas acheter à son enfant
la nouvelle paire de baskets Nike
à 150 euros, c'est l'exposer
à de graves problèmes psychologiques.

Mission impossible 3 bis

Faire comprendre à ses parents qu'obliger son enfant à porter la paire de baskets Nike achetée 150 euros le mois dernier (donc complètement démodée), c'est l'exposer à de graves problèmes psychologiques.

Mission impossible 4

Faire comprendre à ses parents qu'une casquette à l'envers, c'est une casquette portée avec la visière devant.

Sois comme la rose,
supporte avec confiance
la saison des boutons.
Demain viendra la saison
des fleurs.

– Je crois que finalement,
je préférais encore
la période « boutons » !

Questions
de
survie

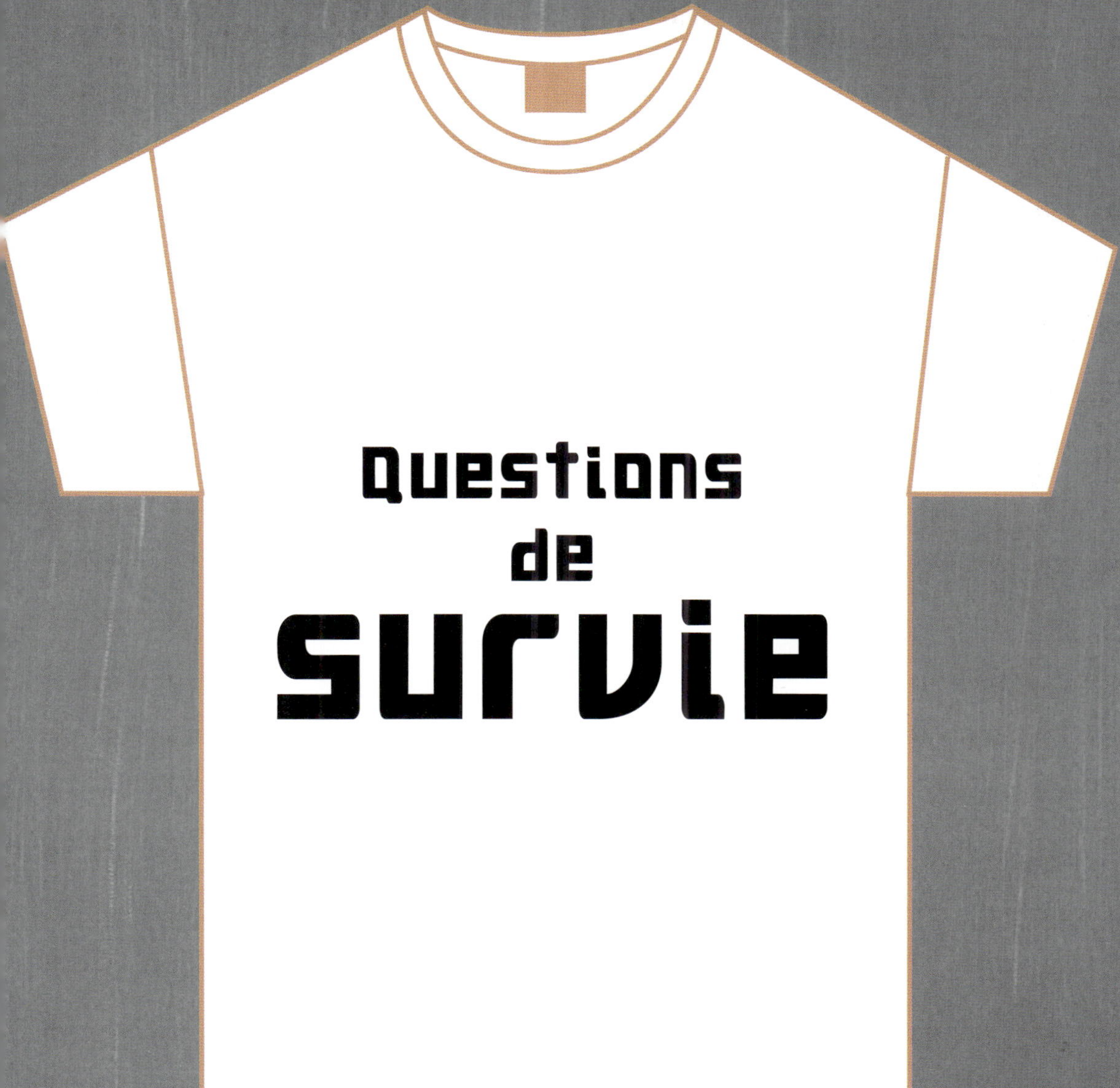
Questions
de
survie

– Hé, Jean-Eude, tu veux copier mes réponses aux excos d'anglais ?
– Nan, Bernard, t'es gentil mais pas aujourd'hui : je refuse tout en bloc maintenant...

N'aie pas peur
de passer pour un nul
auprès de tes copains
quand tu dis non
à une de leurs propositions.
Tu sais mieux qu'eux
ce qui est bon pour toi.

N'oublie pas
que ce sont tes devoirs
que l'on note et pas toi.
Tu AS peut être eu zéro
en maths,
tu n'ES pas un zéro
en maths.

– Que la force soit avec toi
pour la prochaine équation à une inconnue !

Es-tu sûr que les copains
qui te poussent à faire
certaines bêtises avec eux
sont tes amis ?
Ils ont peut-être
simplement peur
de les faire tout seuls.

Ne passe jamais
devant un SDF
sans imaginer au moins
un instant que tu pourrais
être à sa place.

Si l'on insulte ton voisin
pour sa couleur de peau
ou pour sa religion,
considère que c'est toi
qu'on insulte.

Si on t'insulte
pour quelque chose
qui t'importe peu,
ne réponds pas.
Est-ce que tu es
un taureau, toi,
pour foncer sur tous
les chiffons rouges
qu'on agite
sous ton nez ?

Dénoncer un copain
de classe qui rackette,
ce n'est pas être
une balance,
c'est permettre à la justice
de triompher.

– Et ce serait possible de permettre
à la Justice de triompher anonymement, vous croyez ?

Les trois P : parents, profs, police.
Ils ont toujours raison,
même quand ils ont tort.

Évaluations trimestrielles : période durant laquelle la vie ressemble à un long tunnel noir. Si tu vois de la lumière au bout, il y a des chances pour que ce soit les phares du train qui va t'écraser !

Cantine scolaire : lieu où l'on cherche à dégoûter les enfants de la nourriture.

Salle des profs : lieu où la concentration de profs au kilomètre carré est anormalement élevée (donc dangereuse). À ne fréquenter sous aucun prétexte.

Distributeur :
machine à kilos et à caries.

Premier septembre (rentrée scolaire) : jour qui devrait être chômé pour permettre aux élèves de supporter le choc.

Faire le pitre en classe :
meilleur moyen pour se faire des copains et avoir des heures de colle.

Délégué de classe : meilleur moyen de fayoter en passant en plus pour le défenseur des droits des élèves.

N'oublie pas
que ton corps
est le véhicule dans lequel
tu vas voyager
toute ta vie.
Préserve-le de tout
ce qui pourrait l'abîmer.

- Salut Nico,
bon courage
pour le cours
de sport ce matin !

– Comment ça elle trouve que je suis pas suffisamment bien pour elle !?

C'est le vêtement
de marque qui a
de la « valeur »,
pas celui qui le porte.
Être couvert d'étiquettes
ne fait pas de toi
quelqu'un...

Ne t'inquiète pas,
un chagrin d'amour,
on en meurt vraiment
que la première fois...
Après cela, on sait que,
même si c'est dur,
on va se relever
et recommencer
une autre histoire.

La roue de l'amour
10
20
30
40
50
60

Ne crains pas
les histoires (d'amour
ou d'amitié) qui s'arrêtent.
Elles font forcément place
à de nouvelles histoires
qui t'apporteront
des bonheurs
que tu n'imagines pas
encore.

Si tu veux vraiment quelque chose, commence par le souhaiter très fort. Ensuite, c'est simple, il ne te reste plus qu'à agir.

Jusqu'où
es-tu prêt à aller
pour te rapprocher
de tes copains ?
Jusqu'à t'éloigner
de toi-même ?

N'oublie pas que,
lorsque tu roules
en scooter sans casque,
ton pare-chocs,
c'est ta tête.

Si on te demande
de choisir entre
deux choses que tu aimes,
choisis les deux !

Un individu
qui s'est fait dépouiller
est une victime.
S'il commence
à se reprocher
de ne pas avoir résisté
à ses agresseurs,
il devient en plus
son propre bourreau.

Tu passes peut-être
tantôt un week-end
chez ton père,
tantôt un week-end
chez ta mère,
mais le plus important,
c'est que tu passes
tous les week-ends
avec toi.

Si tes parents divorcent,
ça n'annule
ni l'époque où ils s'aimaient
ni le désir qu'ils ont eu
de te faire naître.

Quand tes parents
se disputent devant toi,
tu te demandes
comment calmer le « jeu ».

N'essaie pas,
cela ne te concerne pas.
Tu n'es ni juge ni arbitre ;
tu es leur enfant.

– 10 contre 1 à gauche !
Qui dit mieux ?
Allons, allons,
m'sieurs, dames,
décidez-vous !

c'est hyper
compliqué
l'autre
sexe

C'est hyper compliqué
l'autre sexe

Souviens-toi
que les garçons et les filles
appartiennent à deux espèces
totalement différentes
qui ont souvent du mal
à se comprendre
mais qui ne peuvent pas vivre
l'une sans l'autre.

Quand tu es triste,
souviens-toi
que même la nuit
la plus longue connaît
le soleil qui se lève.

Comment savoir
si tu es amoureux ?
C'est une chose
que l'on ne sait pas
mais que l'on sent.
Et à ce moment-là,
ça ne fait aucun doute.

La séduction féminine
ne se mesure
ni à la profondeur
du soutien-gorge
ni à la taille du string
qui dépasse du jean.
C'est bien plus mystérieux
que ça.

Dire

« je t'aime »

est un cadeau.
Si tu attends
un « moi aussi »,
tu n'offres pas,
tu échanges.

– Je t'aime fort, ma petite chérie,
tu sais... Et toi, tu n'as rien
à me répondre ? Hein, dis ? Alors ?
– Ben... merci.

Vérités sur

les garçons !

Vérité n° 1 : un garçon qui préfère jouer au foot avec ses copains plutôt que de rester en tête-à-tête avec son amoureuse n'est pas un sale macho, c'est juste un garçon comme les autres.

Vérité n° 2 : un garçon qui, le jour de la Saint-Valentin, a oublié d'acheter un cadeau n'est pas un amnésique radin, c'est juste un garçon comme les autres.

Vérité n° 3 : un garçon qui reste plus de trois jours sans appeler son amoureuse n'est pas un pervers qui cherche à la faire souffrir, c'est juste un garçon comme les autres.

Vérité n° 4 : un garçon qui louche sur le décolleté de la meilleure amie de son amoureuse n'est pas un sale obsédé sans morale, c'est juste un garçon comme les autres.

Vérité n° 5 : un garçon qui ne remarque même pas que son amoureuse a LE nouveau jean « grave stylé » n'est pas un égoïste qui ne s'intéresse pas à elle, c'est juste un garçon comme les autres.

Si tu as simultanément
envie de rire
et de pleurer,
de courir et de rester là,
de te goinfrer
et puis de ne plus rien
manger, il n'y a rien
de grave, tu es amoureux...

– J'aime, j'aime, j'aime !!!

Les garçons et les filles
qui se vantent
de « pécho »
et « d'emballer grave »
sont en général
ceux qui le font le moins
(et le moins bien...).

Si les garçons savaient le pouvoir immense des mots d'amour sur les filles, ils leur en diraient plus souvent.

– Effectivement, il vaut mieux nous les dire que nous les écrire !!

– Comme je ne suis pas un tombeur,
j'ai la chance de n'être qu'un petit nul.
C'est grave top !

Un garçon qui sort
avec plein de filles
et les quitte
sans précautions
n'est pas un supertombeur,
c'est juste un gros nul.

– Tu sais que tu me plais vraiment bien comme ça, mon poulet ?

Dans les contes de fées,
lorsqu'on embrasse
un crapaud,
il se transforme en prince.
Dans la vraie vie,
il arrive parfois
qu'en embrassant un prince,
il se transforme
en crapaud.

Vérités sur

les filles !

Vérité n° 1 : une fille capable d'écumer toutes les parfumeries durant une journée entière pour trouver un rouge à lèvres gloss couleur « framboise mûre d'automne » n'est pas une folle obsédée par son image, c'est juste une fille comme les autres.

Vérité n° 2 : une fille qui raconte en détail à toutes ses copines son tête-à-tête avec son amoureux n'est pas une bavarde sans pudeur, c'est juste une fille comme les autres.

Vérité n° 3 : une fille capable
de pleurer sans arrêt pendant une semaine
parce que son amoureux l'a quittée
n'est pas une dépressive à soigner,
c'est juste une fille comme les autres.

Vérité n° 3 bis : une fille capable
de retomber follement amoureuse
une semaine après un terrible chagrin
d'amour n'est pas une hypocrite sans cœur,
c'est juste une fille comme les autres.

Vérité n° 4 : une fille capable
de conserver les tickets d'entrée
de cinéma et tous les cadeaux McDo
des après-midi passés avec son amoureux
n'est pas une fétichiste allumée,
c'est juste une fille comme les autres.

Bien sûr, l'amitié entre fille et garçon, ça existe, mais avec l'option

« possibilité de tomber amoureux »
à garder en mémoire.

Méfie-toi : la beauté
physique ne fait pas tout.
Un être qui ressemble
à un top model peut être
aussi glacé que le papier
des magazines.

Miss Banquise

Tu regardes parfois
des films X
avec tes copains ?
Rappelle-toi qu'ils ont
autant à voir avec l'amour
qu'un bidet avec l'océan.

Milite pacifiquement
pour un « total respect »
entre garçons et filles.
Si certains ne comprennent
pas, défends-toi :
pour une main aux fesses
non désirée, donne un coup
de genou bien placé.

Conforme à la loi n° 49-956 du 16 juillet 1949
sur les publications destinées à la jeunesse.

ISBN : 978-2-7324-3907-5
Dépôt légal : février 2009
Imprimé par Mame, en France, en janvier 2009